BAGATELLE,

OU

LA LEÇON CONJUGALE,

COMÉDIE

EN UN ACTE ET EN PROSE, MÊLÉE DE VAUDEVILLES

Par M. DUBOIS;

Représentée, pour la première fois, à Paris, sur le Théâtre des Troubadours, rue de Louvois, et sur le Théâtre de la Gaîté, en 1815.

NOUVELLE ÉDITION.

PARIS,
CHEZ J. N. BARBA, LIBRAIRE, PALAIS-ROYAL,
DERRIÈRE LE THÉÂTRE FRANÇAIS, N°. 51.

De l'Imprimerie de HOCQUET, rue du Faubourg Montmartre, n°. 4.

1816.

PERSONNAGES.	ACTEURS.
BLINVAL.	M. *Victor*.
CONSTANCE, femme de Blinval.	Mad. *Adolphe*.
ROSE, amie de Constance.	Mlle. *Millot*.
M. DUBOSQUET, restaurateur.	M. *Héret*.
Mad. DUBOSQUET.	Mad. *Clément*.
BELAMOUR, garçon restaurateur.	M. *Basnage*.

La scène se passe dans un Jardin; à droite est un cabinet, ou plutôt un boudoir, dont la croisée est en face du Public.

BAGATELLE,

OU

LA LEÇON CONJUGALE,

Comédie en un Acte.

SCENE PREMIERE.

DUBOSQUET et sa Femme, BELAMOUR,

(*Ils rangent les tables.*)

DUBOSQUET

Courage, madame Dubosquet; la journée est superbe... Nous aurons du monde dans notre charmant jardin de Bagatelle.

BELAMOUR

J'm'en vante qu'il est charmant. C'est moi qu'en a soin, Je n'fais tout l'année qu'arracher les fleurs, les fruits, les arbres.

MAD. DUBOSQUET

Comment?

BELAMOUR

Qui sont mauvaises, notr'ma'tresse.

DUBOSQUET

Croyez-m'en, madame Dubosquet, nous ferons fortune. Mais il est onze heures....

MAD. DUBOSQUET

Et encore personne, brillant restaurateur.

DUBOSQUET

Patience, madame Dubosquet.

MAD. DUBOSQUET

Tenez, je vous le prédis, votre jardin deviendra désert, car :

Air : *Du Jokei.*

Les époux deviendront constans,
Les femmes deviendront fidelles ;
On verra de discrets amans,
Même des coquettes cruelles.

Tes boudoirs, tes bois, tes bosquets,
Où chaque jour maint couple abonde,
Ne seront plus témoins.....

DUBOSQUET.

Eh! mais
Ce sera donc la fin du monde.

BELAMOUR.

Comme y vous traite une finesse, notr'maître! mais écoutez, ce n'est pas tout ça qui r'tiendra le monde ici.

DUBOSQUEET

Quoi donc?

BELAMOUR

C'est ma personne, moi Belamour, que chacun voit avec plaisir, puisque chacun lui rit au nez; c'est une preuve, j'crois. Et puis ajoutez que je suis galant, et galant comme un diable avec les femmes: je leur fais des complimens! Tenez, en v'là un que j'ai décoché hier, et qui a fait pâmer d'rire: c'etait à une jeune et jolie femme: écoutez ça:

Air: *Il faut quitter ce que j'adore.*

Madam', vous r'ssemblez à la rose
Qu'est tout'prête à s'épanouir,
Comme ell'depuis long-tems éclose,
Votre tendre sein doit tavir.
Vous êt'd'un'beauté tant extrême,
Qu'en vous voyant on dit tout bas :
Qu'vous seriez Vénus elle-même
Si vous en aviez les appas.

DUBOSQUET

Ah! ah! ah! c'est très-galant.

BELAMOUR

Faites-en comme ça.

DUBOSQUET

Ma femme... ma femme, vois-tu cette nuée de poussière, c'est, je gage, une vingtaine de gariks qui volent....

BELAMOUR

Comme ceux qui sont dedans. A propos, vous savez ben le jeune Blin... Blin..

MAD. DUBOSQUET

Blinval.

BELAMOUR

C'est ça; c'est son nom, c'est lui, c'est Blinval; Eh ben, y m'a dit hier: Belamour, je viendrai déjeûner ici demain... Je ne sais pas si c'est ce soir ou ce matin qu'y viendra déjeûner.

DUBOSQUET

Le sot!

BELAMOUR

Bah!

Mad. DUBOSQBET

Eloignez-vous.

DUBOSQUET

Rangez vos tables.

Mad. DUBOSQUET

Blinval vient avec une veuve à qui il se fait passer pour garçon, mais le volage, le fourbe ne se doute pas que son epouse s'et trouvée au bal, il y a quinze jours, avec la veuve qu'il aime; que là elles se sont reconnues pour avoir été ensemble au couvent, qu'aussitôt les confidences ont commencé; que la jeune veuve a tout découvert à madame Blinval, et qu'enfin toutes deux sont convenues de s'entendre pour donner une bonne leçon à l'infidèle. C'est ici, c'est aujourd'hui que cette leçon doit avoir lieu; un époux verra donc une bonne fois que les femmes ne sont pas toujours dupes de leur perfidie.

DUBOSQUET.

Comment diable sais-tu tout ce que tu viens de me dire?

Mad. DUBOSQUET

Par la femme de chambre de la jeune femme, qui a trouvé la lettre écrite à ce sujet.

DABOSQUET

Mais Blinval adore son épouse.

Mad. DUBOSQUET

On le dit.

DUBOSQUET

C'est sans doute un moment d'erreur.

MAD. DUBOSQUET.

Maris, vous êtes sujets à ces erreurs-là.

DUBOSQUET.

Ma femme!

Mad. DUBOSQUET

Vous tout comme un autre... Que je vous y surprenne. Je suis douce, on le voit... Mais prenez-y garde; car, mon cher époux, je vous arracherais les yeux.

DUBOSQUET

Ah! ah! ah! c'est un mouton. (*Ils sortent.*)

SCENE II.

BELAMOUR, *seul*.

Notr'maître-se, elle est douce! on le voit... on l'entend..
Et moi je l'ai souvent senti... J'entends quelqu'un... C'est

une femme seule... Elle arrive la première... Quelle exactitude ! quel empressement !

Air: *Aglaé, vive et piquante.*

C'est un'chose singuyère,
Comme on fait maint'nant l'amour ;
Y n'faut pas long-tems pour s'plaire,
On s'convient dès l'premier jour.
Il arrive souvent même
Que pour hâter le succès,
On se prouve que l'on s'aime
Et l'on se le dit après.

SCENE III.

BELAMOUR, CONSTANCE.

BELAMOUR

Madame cherche quelqu'un ?

CONSTANCE

Que vous importe ?

BELAMOUR

Y n'est pas encore arrivé.

CONSTANCE

Qui ?

BELAMOUR

Celui que vous venez chercher.

CONSTANCE

Je ne cherche personne.

BELAMOUR

Allons donc ! est-ce qu'une dame peut rester seule ici ?

CONSTANCE

Vous le voyez.

BELAMOUR

Oui, à présent ; mais il viendra peut-être.

CONSTANCE, *haut, avec colère.*

Je l'espère qu'il viendra (*à part.*) cet époux volage.

BELAMOUR *l'ayant entendu.*

Je le savais bien !

CONSTANCE

Vous êtes un sot, laissez-moi.

BELAMOUR, *en colère.*

Un sot !... Madame veut-elle des glaces, des sorbettes ?... Un sot !... des macarons, des oranges ? Un sot ! Des limonades, de l'orgeat ?.. Un sot !... Vous sonnerez.. Un sot !... Je viendrai !... Un sot !.... Comme si j'avais l'air d'un sot ! (*il sort furieux.*)

MAD DUBOSQUET.

Je le sais.

SCENE IV.

CONSTANCE, seule.

Ah! mon cher époux, vous donnez des rendez-vous!... heureusement pour moi que vous vous êtes adressé à une femme que vous ne savez pas être mon amie, qui se joue de vos soins, de votre amour, et qui m'a prévenu de ce rendez-vous... Je vous ferai payer cher cette première infidélité.... Les voilà ces maris si jaloux de notre sagesse.... les voilà tous.

Air : *De Champagne.*

Entendez chez eux les époux
Vanter la pudeur, la décence,
Dire en sortant d'un rendez-vous :
Rien n'est si beau que la constance !
Par bonheur on ne les croit plus,
Et leur conduite nous éclaire ;
Ceux qui parlent tant de vertus
Sont toujours ceux qui n'en ont guère.

Un garick s'arrête!... ce sont eux... quels petits soins... quel air prévenant en la faisant descendre!... mon époux... je me vengerai!... mais comment faire pour les entendre, pour les voir, sans que Blinval m'aperçoive?... y a-t-il un cabinet près de ce jardin?... oui... ce pavillon!... entrons-y... il est de mon intérêt de les veiller de près.   (*Elle y entre.*)

SCÈNE V.

ROSE, BLINVAL, CONSTANCE dans le pavillon.

BLINVAL.

Air : *De la Monaco.*

Ce lieu, vraiment,
Est charmant,
Pour l'amant
Qui de la beauté suit les traces ;
C'est le séjour
Où l'amour
Chaque jour
Entre les grâces
Tient sa cour.

ROSE

Je ne partage point l'ivresse
Que vous font éprouver ces lieux ;
Car la décence et la sagesse
Y frappent rarement les yeux.

BLINVAL
Ce lieu, pourtant,
Est charmant
Pour l'amant
Qui de la beauté suit les traces ;
C'est le séjour
Où l'amour
Chaque jour
Entre les grâces
Tient sa cour.

ROSE
C'est un endroit
Qu'à bon droit
Femme doit
Craindre comme un de ses abîmes.
C'est le séjour
Où l'amour
Chaque jour
Fait des victimes
Tour-à-tour.

BLINVAL
J'éprouve une volupté pure,
Qui captive ici mes sens ;
Les fleurs, le gazon, la nature,
Tout m'électrise en ce moment.

BLINVAL   ROSE, CONSTANCE *dans le pavillon.*
Ce lieu charmant etc.   C'est un endroit, etc.

BLINVAL, *lui prenant la main.*

Ma chère rose !

ROSE

Blinval !

BLINVAL

Vous paraissez me craindre ?

ROSE

Je crains aussi ces lieux.

BLINVAL

Quelle aimable rougeur ! (*Il lui baise la main.*)

ROSE

Déjà... soyez sage, Blinval.

CONSTANCE, *à part dans le pavillon.*

Il commence.

BLINVAL

Que cette pudeur m'enchante !

CONSTANCE, *à part.*

Un peu moins l'enchanterait davantage.

BLINVAL, *à Rose.*

Que cherchez-vous donc ?

ROSE

J'examine ce jardin.

BLINVAL

Avec inquiétude ? Eh ! pourquoi ?

CONSTANCE, *à part.*

Elle me cherche.

BLINVAL

Air : *Je t'aime tant.*

Ce lieu doit son temple aux amours,
A la volupté, sa molesse,
Au mystère, ses longs détours,
A l'art, son goût et sa richesse.
Tout y charme les cœurs émus,
Tout du plaisir y peint les traces :
Rose, le boudoir de Vénus
N'a rien d'effrayant pour les Grâces.

ROSE

Il se peut qu'au sein de ses bois,
Vénus, bien moins sage que belle,
En faveur de Mars, autrefois,
A son époux fut infidelle.
Pour moi c'est un motif de plus
De vouloir éviter leurs traces :
(*avec ironie*) Car si Mars y soumit Vénus,
L'Amour y soumettra les Grâces.

BLINVAL

Charmante !... adorable! (*Il s'éloigne.*)

ROSE, *à part.*

Que les hommes sont vains!

CONSTANCE, *à part.*

Que les maris sont faux!

ROSE

Où allez vous donc, Blinval?

BLINVAL

Ce jardin est ouvert à tout le monde... je vais chercher un endroit plus retiré où nous puissions continuer cet aimable entretien.

CONSTANCE, *à part.*

Ah! je les perdrai de vue.

ROSE

Air *de la Clef forcée.*

Mais quelque soit le lieu choisi
Par vous dans cette circonstance,
Malgré vos efforts, mon ami,
Nous y serons surpris, je pense

CONSTANCE, *à part.*

J'en réponds.

BLINVAL

Oui, dans quelqu'endroit écarté
Qu'avec vous je puisse me rendre,
Quand on est avec la beauté,
L'Amour vient toujours les surprendre.

Bagatelle. B

ROSE, *ironiquement.*

Vous devinez tout.

CONSTANCE, *à part.*

Ce sera moi qui ferai l'amour. (*Blinval sort.*)

SCÈNE VI.

ROSE, CONSTANCE.

CONSTANCE, *sort du pavillon.*

Eh! bien, ma chère rivale?

ROSE

Ah! vous voilà!.. je vous cherchais... mais que dites-vous de votre mari? il est aimable au moins.

CONSTANCE

Ah! vous le trouvez aimable?

ROSE

Charmant.

CONSTANCE

Voilà de quoi me rassurer.

ROSE

Vous avez peur?

CONSTANCE

Si vous le trouvez charmant... il vous trouve adorable... je n'ai pas lieu d'être fort tranquille.

ROSE

Constance, vous oubliez donc que c'est moi qui vous ai prévenue de ce rendez-vous... si mes intentions n'eussent pas été pures, il ne tenait qu'à moi de vous cacher cette folie de votre époux: je vous l'ai revelée, que pouvez-vous craindre de moi?

CONSTANCE

Pardon, mon amie... un peu de jalousie... vous êtes faite pour donner des inquiétudes... tant de charmes...

ROSE

Trève aux complimens de votre part; c'est assez de ceux de votre époux... revenons à lui.

CONSTANCE

Oui... comment avez-vous fait la route jusqu'ici?

ROSE

Assez bien.

CONSTANCE, *d'un air très-curieux.*

Ah! que vous a-t-il dit?

ROSE, *riant*.

Encore un peu de jalousie.

CONSTANCE

Du tout... c'est une simple curiosité... Rose, que vous a-t-il dit?

ROSE

Vous le voulez?... d'abord il m'a assuré de nouveau qu'il n'était point marié.

CONSTANCE, *avec dépit*.

Je le crois... ces maris en parties fines, se donnent tous pour garçons... ils en sont moins gênés... et puis... Rose, que vous a-t-il dit encore?

ROSE

Air : *Ah! de quels souvenirs*.

Mais il m'a dit tout ce que dit
Un homme pour se rendre aimable :
Que j'ai des charmes, de l'esprit,
Enfin que je suis adorable...
Puis, croyant son bonheur certain,
D'un air triomphant, par foi leste,
Il me lorgnait d'un œil malin,
Me pressait tendrement la main...

CONSTANCE, *l'arrêtant*.

Daignez m'épargner le reste.

ROSE

Vous voulez tout savoir... il faut bien vous satisfaire... Quoi! vous pleurez?... Constance?... mon amie... quel enfantillage!

CONSTANCE

Rose, excusez-moi... c'est la première infidélité d'un époux que j'adore, et je ne puis y penser sans douleur.

ROSE

Allons donc! cette infidélité-là ne peut avoir rien d'alarmant pour vous... c'est la première qu'il vous ait faite... ce sera la dernière si vous lui donnez une bonne leçon. Blinval vous aime, il vous adore. Cette légèreté passagère provient d'un écart de son esprit et non de son cœur... peut être en suis-je innocemment la cause... trop de familiarité avec lui l'aura séduit.

CONSTANCE

Rose!

ROSE

Oui... à travers la joie que m'exprimaient ses regards, j'ai démêlé une certaine inquiétude... oui, Constance... et chaque fois que je lui demandais s'il était vrai qu'il ne fût point marié, il hésitait en me répondant... il était embarrassé... cette confusion est la preuve de sa tendresse pour vous... L'époux indifférent pour sa femme, manque sans remords à la fidélité qu'il lui doit... celui qui chérit son épouse, jouit avec peine du bonheur que sa faute lui procure... voyez dans ce dernier Blinval, et rassurez-vous.

CONSTANCE

Toutes les femmes ne pensent pas comme vous.

Dans une pareille circonstance:

Jadis chacun avec scrupule
Des cœurs respectait l'union ;
Aujourd'hui, c'est un ridicule,
Et la rompre est du meilleur ton.
Eh ! quoi, l'on accable de chaînes,
On punit un simple voleur,
Et l'on a point créé de peines
Pour qui nous vole le bonheur.

ROSE

Que de gens il faudrait punir !... mais Blinval va revenir... Voyons, contez-moi vos petits projets de vengeance.

CONSTANCE

Mon époux me croit indisposée, et j'étais dans mon lit quand il m'a quittée. Quelle sera sa surprise !... mais on vient... c'est lui... je me retire dans ce pavillon ; tenez bon pour rester dans ce jardin.

ROSE

Oui.

CONSTANCE

Je vous en supplie... *(Elle rentre.)*

ROSE, *à part.*

Encore un peu de jalousie... c'est bien naturel.

SCENE VII.

ROSE, BLINVAL, BELAMOUR.

BLINVAL

Eh ! quoi, vous n'avez pas un cabinet où nous puissions déjeûner tranquillement.

BELAMOUR

Pour déjeûner... Ah ! si fait... si fait... vous n'avez qu'à parler... voulez-vous le n.° 1, 3, 2, 4, 6, 5 ? c'est à votre choix, ou au choix de madame.

ROSE

Je suis bien ici

BELAMOUR

Ah! madame, c'est qu' tout le monde vient dans ce jardin.

BLINVAL

Voyons ces cabinets.

ROSE

Non, je suis très-bien ici.

BELAMOUR, *à part.*

Y n' sont pas d'acoord.

BLINVAL

Rose, des importuns...

ROSE

Personne ne peut nous importuner.

BELAMOUR, *à part.*

Elle résiste... y n'en vient pas beaucoup comme elle chez nous.

BLINVAL

Vous voulez absolument?...

ROSE

Je veux rester ici.

BELAMOUR, *à part.*

C'est une partie manquée.

BLINVAL

S'il y avait seulement un pavillon auprès de ce jardin...

BELAMOUR

Oui, en v'là z'un... j'vas vous l'ouvrir... il est petit... c'est un bijou... notr' maître appelle ça un boudoir; moi, je crois que ceux qui viennent tous les jours, n'y boudent pas... ben au contraire...

BLINVAL

Air : *Jeunes amans.*

Ainsi l'on appelle un boudoir
Un lieu de plaisirs à la ville;
Pourtant il est rare de voir
Bouder dans un si bel asyle.

BELAMOUR

Que de boudeuses tour-à-tour,
Dans celui-là viennent sans cesse!

ROSE

Si l'on y voit rire l'amour,
On y voit bouder la sagesse.

BLINVAL, *à part.*

Elle a raison. (*haut.*) Voyons ce pavillon.

ROSE, *le retient.*

Non.

BLINVAL

Rose, permettez... voyons.

BELAMOUR, *và au pavillon.*

Eh! ben, la porte est fermée... c'est sans doute sté dame qui vient d'venir avant vous... elle cherchait quelqu'un... elle l'aura trouvé... et y sont là.

BLINVAL, *riant.*

Ne dérangeons personne.

BELAMOUR.

C'est, je suis sûr, queuque femme mariée... comme on les arrange ici les maris... cela fait peine, vraiment.

BLINVAL, *riant.*

Il n'a pas tort.

ROSE

Vous l'approuvez?

BLINNVAL

Beaucoup... Belamour, qu'on nous apporte des glaces.

BELAMOUR

Ça suffit. (*à part.*) Ste femme là tiendra bon.

(*Il sort.*)

SCENE VIII.

ROSE, BLINVAL, CONSTANCE *dans le cabinet.*

CONSTANCE, *à part.*

Ils sont tous seuls... ne les quittons pas.

ROSE

Pourquoi faire jaser ainsi ce nigaud? pourquoi devant lui insister, lorsque je refuse d'aller dans un endroit plus retiré?... que voulez-vous qu'il pense de moi? Eh! qu'avons-nous besoin de nous cacher?

BLINVAL

Ah! Rose, vous le savez!

Air : *Quand l'amour naquit à Cytère.*

L'amour cherche la solitude :
C'est là qu'il trouve le bonheur.
Il en a si fort l'habitude,
Qu'un rien le trouble et lui fait peur.

ROSE

Blinval, un tel aveu me fâche :
L'amour vrai vous est mal connu ;
Quand il est coupable, il se cache,
S'il est pur, craint-il d'être vu ?

BLINVAL

Puisque vous le voulez, restons ici.

CONSTANCE, à part.

C'est fort heureux.

BLINVAL

Cependant, Rose, nous y serons dérangés.

ROSE

Tant mieux... puissiez-vous oublier la suite des folies dont vous m'entreteniez.

BLINVAL

Air : *du pauvre Diable.*

Ne plus parler de ma tendresse,
De mes desirs, de vos appas,
Quand pour vous je brûle sans cesse
D'un feu qui ne s'éteindra pas.
Auprès de femme si jolie,
Dont l'aspect seul est un bonheur,
L'esprit, quelquefois on l'oublie,
Mais peut-on oublier son cœur ?

ROSE

Vous êtes bien tendre, Blinval !

CONSTANCE, à part.

Le perfide !

BLINVAL

Répondez, ma Rose.

ROSE

Mais...

BLINVAL

Répondez... partagez-vous ma flamme !

SCENE IX.

Les Mêmes, Mad. DUBOSQUET.

MAD. DUBOSQUET

Air : *De la Baronne.*

Voici des glaces
Que vous demandiez à l'instant ;
Voici des glaces ;
Certes vous en serez content ;
Elles seront bien à leurs places,
Car vous me paraissez brûlant ;
Voici des glaces.

CONSTANCE, à part.

Quand je les aurais payés, ils ne me rendraient pas un plus grand service.

BLINVAL, *en colère*.

Peste soit des importuns!

MAD. DUBOSQUET, *à part*.

A mon tour à le faire enrager.

BLINVAL

Madame, je vous remercie.

MAD. DUBOSQUET

Eh! c'est vous, monsieur Blinval.... Comment se porte madame votre épouse?

BLINVAL, *à part, à madame Dubosquet*.

Paix donc.

ROSE

Quoi?

CONSTANCE, *à part*.

Quel plaisir!

MAD. DUBOSQUET.

On dit que c'est une charmante personne que madame votre épouse.

ROSE

Blinval....

BLINVAL, *à part, à madame Dubosquet*.

Chut donc!

MAD. DUBOSQUET.

On dit aussi que vous l'aimez éperduement, que même vous en êtes très-jaloux de madame votre épouse... mais par amour....

BLINVAL, *à part*.

Vous tairez-vous?

CONSTANCE, *à part*.

Bravo! de mieux en mieux.

ROSE

Blinval, qu'apprends-je?

MAD. DUBOSQUET

Et comme vous la quittez rarement, j'ai cru, lorsqu'on m'a dit que vous étiez ici avec une dame, que c'était elle que vous aviez amenée.

BLINVAL, *à part*.

Que je souffre!

MAD. DUBOSQUET.

Madame est peut-être la sœur.... une parente, une amie de votre épouse?

BLINVAL, *en colère*.

Non, non... laissez-nous, madame Dubosquet.. Vous nous importunez.

MAD. DUBOSQUET.

Je vous importune.... quand je fais l'éloge de votre femme....
Ah ! je conçois à présent, il est certains momens où les
maris n'aiment pas qu'on leur parle de leur femme.

BLINVAL

Laissez-nous.

MAD. DUBOSQUET

Votre servante. (*à part.*) Je crois avoir bien rempli mon
rôle. (*Elle sort.*)

SCÈNE X.

ROSE, BLINVAL, CONSTANCE, *dans le pavillon.*

ROSE, *après un moment de silence.*

Ah ! vous êtes marié !

CONSTANCE

Comme il est embarrassé !

BLINVAL

Mais....

ROSE

Vous êtes marié !

BLINVAL

Il... est... vrai...

ROSE, *tendrement.*

Vous m'avez trompée, Blinval !

BLINVAL

J'ai cru devoir éloigner tout ce qui pouvait mettre obstacle à mon bonheur.

ROSE, *avec un faux air de douleur.*

Vous êtes marié !

Air : *Fidèle époux.*

Que cet aveu me fait de peine !
Eh ! comme il pèse sur mon cœur !
Je dois respecter votre chaine
Même aux dépens de mon bonheur.
Il était tems de m'en instruire,
Blinval, vous étiez si pressant,
Qu'amour peut être allait vous dire·

BLINVAL, *avec joie.*

Ah !

ROSE

Hélas ! ce qu'hymen me défend.

Bagatelle.

BLINVAL
Rose... parlez... Rose, je jure à vos pieds...

SCÈNE XI.

Les Mêmes, BELAMOUR.

BELAMOUR, *accourant*
V'là la marmotte qui vient pour vous amuser un petit moment.

BLINVAL
Au diable la marmotte !

CONSTANCE, *à part.*
Les braves gens !

BELAMOUR
Comme vous allez rire !... ça ne vous tiendra pas plus d'une grosse demi-heure.

BLINVAL.
Une demi-heure... va-t-en au diable avec ta marmotte !

BELAMOUR
Y vous jouera de la vielle comme un orchestre.

BLINVAL
Va-t-en.

BELAMOUR
Y vous dansera une danse du pays comme un ballet.

BLINVAL
Va-t-en donc.

BELAMOUR
Y chantera la petite chanson comme un opéra.

BLINVAL
Le maraud !

BELAMOUR
Je vas lui dire de venir.

BLINVAL
Non, non... tiens, paye-le pour qu'il s'en aille.

BELAMOUR
Y n'voudra pas qu'on le paye pour rien.

BLINVAL, *furieux.*
Mais finira-t-on de nous importuner à tous momens ! veux-tu t'en aller ?

BELAMOUR, *à part.*
Comme y me rudoye.... notr' maîtresse avait ben besoin de m'envoyer l'y dire ça.

BLINVAL
T'en iras-tu ?

BELAMOUR

Je m'en vas. (*il sort.*)

SCENE XII.

ROSE, BLINVAL, CONSTANCE, *dans le cabinet.*

BLINVAL

Quelle importunité !

CONSTANCE, *à part.*

C'est vraiment dommage !

ROSE

Blinval, l'heure s'avance.... si nous retournions à Paris ?

BLINVAL

Déjà... Rose... et je ne pourrai savoir si votre cœur...

ROSE, *d'un air piqué.*

Vous ne le niez pas.

BLINVAL

Mais....

ROSE, *d'un air piqué.*

Vous aimez éperduement votre femme....

CONSTANCE, *à part.*

Il craint de l'avouer.

ROSE, *d'un air piqué.*

Vous en êtes même jaloux.

BLINVAL

Mais...

ROSE, *d'un air piqué.*

Vous en convenez.

CONSTANCE, *à part.*

Il a raison.

ROSE, *d'un air très-piqué.*

Eh bien ! dois-je diviser deux cœurs si étroitement unis ?

BLINVAL.

Sans les diviser...

ROSE

Si quelques attraits me font faire une conquête, je veux que ce soit sur un cœur libre... Le bonheur en amour ne se partage point.

CONSTANCE, *à part.*

Ah ! je le sens trop !

ROSE

Quoi ! vous me pressez toujours..... Y pensez-vous, Blinval ?... C'est déjà très-mal à vous de faire la cour à d'autres femmes... un homme marié !

BLINVAL

C'est un tort, sans doute.... mais il est si général, qu'il est excusable et partout excusé.

CONSTANCE, à part.

Bonne morale !

BLINVAL

Et d'ailleurs...

Air : *Que d'Etablissemens nouveaux.*

L'homme au sein de mille beautés,
Est un jardinier près des roses,
Qui prend, quand ses yeux sont flattés,
Ou celles qui vont naître, ou bien celles écloses.
L'homme, parmi les voyageurs,
Peut encore être mis, sans doute;
Le plus heureux est celui sur la route
Qui peut cueillir le plus de fleurs.

ROSE

Si votre femme vous imitait.

CONSTANCE, à part.

Il l'aurait bien mérité.

BLINVAL

C'est différent.... Ma femme....

ROSE

Voilà bien les maris... C'est à nous seules d'être fidèles.

BLINVAL

Le préjugé....

ROSE

Vous le trouvez commode, n'est-ce pas ? mais, mon cher, beaucoup de femmes font peu de cas de votre préjugé, et craignez que la vôtre...

BLINVAL

Oh ! non... Rose...

ROSE

Si elle sait...

BLINVAL

Elle ne saura rien.

CONSTANCE, à part.

Oh ! presque rien.

ROSE

En êtes-vous bien sûr ?

BLINVAL

Très-sûr.

Air : *Que d'établissemens nouveaux.*

Ma femme ne peut se douter
Pour vous quelle est ma vive flamme,

ROSE
Oh! vous avez tort de compter
Aisément tromper votre femme.

BLINVAL
Rose, je puis, sans m'inculper,
Dire à son insçu, je vous aime.

ROSE
C'est à l'instant qu'on veut tromper,
Qu'on est souvent trompé soi-même.

BLINVAL
Je ne crains rien.

CONSTANCE, *à part.*
Tu vas voir.

ROSE
Peut être que pendant votre absence...

BLINVAL
Rose, je vous le répète... je réponds de ma femme.

(*On entend chanter Constance.*)

Air : *Je suis Lindor, de Paësiello.*

L'hymen, hélas ! n'est qu'un dur esclavage,
Ah ! mon ami, combien mon cœur le sent !
Mais éloignons ma douleur à présent ;
Des maux d'hymen, l'amour me dedommage.

BLINVAL, *à part.*
Ma femme ici.

ROSE
Vous connaissez cette voix ?

BLINVAL
Je crois la connaître.

ROSE
Quelle est cette femme ?

BLINVAL
C'est... c'est... la femme d'un de mes amis. (*à part*)
O ciel !

ROSE
Il paraît qu'elle n'est pas contente de son époux.

BLINVAL
Elle le dit du moins... Rose, je voudrais surprendre cette infidelle.

ROSE
Je vous entends... mais vous prenez bien de l'intérêt à cet ami... l'infidélité de sa femme paraît vous émouvoir

BLINVAL, *avec fureur.*
Beaucoup... c'est indigne.

ROSE

Ah! Soyons indulgens pour les fautes que nous avons commises nous-mêmes... je vous laisse... je vous attendrai sur la terrasse. (*à part en sortant.*) Voici le moment de la leçon.

SCENE XIII.

BLINVAL *seul.*

Ma femme! ma femme ici! ma femme avec un amant! ma femme maudissant l'hymen! frappons. (*Il frappe.*) On ne répond pas!... demandons la clef... Garçon?

SCENE XIV.

BLINVAL, BELAMOUR, CONSTANCE *dans le cabinet.*

CONSTANCE, *à part.*

Jouons bien la femme coupable, la femme infidelle... qu'il sente à son tour les maux qu'il m'a fait souffrir.

BLINVAL

Garçon.

BELAMOUR

Me v'là.

BLINVAL

La clef de ce pavillon?

BELAMOUR

Je ne l'ai pas... ceux qui sont dedans se sont enfermés.

BLINVAL

Enfermés!

BELAMOUR

C'est ma fine une jolie femme... mais je crois... entre nous soit dit, que c'est une de ces femmes... vous m'entendez...

BLINVAL

Ce pavillon n'a point d'autre issue que celle-là?

BELAMOUR

Non.

BLINVAL

Va-t-en.

BELAMOUR, *à part.*

Il perd la tête. (*Haut.*) j'vas demander la clef à notr' maître.

BLINVAL
Va-t-en, te dis-je. (*Il sort.*)

SCENE XV.

BLINVAL, CONSTANCE.

BLINVAL
Frappons encore.

CONSTANCE *paraît, joue l'effroi, sort du cabinet et referme la porte derrière elle.*

O ciel!... c'est mon mari!

BLINVAL
Vous étiez malade... je vous ai laissée dans votre lit, madame...

CONSTANCE, *jouant la douleur.*
Que je suis malheureuse!

BLINVAL, *à part.*
Elle pleure... elle est coupable... (*Haut.*) Ouvrez-moi cette porte.

CONSTANCE, *à ses genoux.*
Pardonnez...

BLINVAL, *à part.*
Plus de doute... je suis trahi! (*Haut.*) Ouvrez-moi cette porte.

CONSTANCE
Ce n'est pas moi qui ai la clef.

BLINVAL
C'est votre amant... nous allons voir cet audacieux rival. (*Il va à la porte.*) Au nom de l'honneur, ouvrez-moi!

CONSTANCE, *riant à part.*
Qu'ai-je fait?

BLINVAL
Il ne répond pas!... le lâche!... je resterai là.. il faudra bien qu'il sorte...

CONSTANCE
De grâce...

BLINVAL
Je crois que vous me priez pour lui...

CONSTANCE
Mais...

BLINVAL
J'aurai sa vie... ou il prendra la mienne.

CONSTANCE, *riant à part.*

Pauvre jeune homme!

BLINVAL

C'est lui que vous regretteriez?

CONSTANCE

Pauvre jeune homme!

BLINVAL

Vous le plaignez... (*à part.*) Pour comble de malheur elle l'aime!

Air : *Colin disait à Lise un jour.*

Combien de rendez-vous secrets
Depuis notre affreux mariage!

CONSTANCE

C'est le premier, je vous promets,
Depuis qu'amour à lui m'engage.

BLINVAL, *montrant le pavillon.*

Au gré de vos vœux,
Il fut...

CONSTANCE, *l'interrompant.*

Je ne peux
Vous en dire, hélas! davantage.

BLINVAL, *à part.*

Mon déshonneur n'est que trop certain. (*Haut.*) sortiras-tu, lâche rival?

CONSTANCE, *riant à part.*

Comme je me venge!

BLINVAL

Je l'attendrai... madame... je ne veux plus vous voir... sortez de ce lieu... et cessez d'afficher votre perfidie et ma honte.

CONSTANCE

Mais vous... que faisiez-vous ici?

BLINVAL, *un peu embarrassé.*

Ce que j'y faisais, madame? j'y venais pour vous épier, pour vous surprendre.

CONSTANCE

Vous le dites... mais je n'en crois rien.

BLINVAL

Avec quelle assurance encore vous me répondez!

CONSTANCE

C'est qu'il est possible que le même motif vous ai conduit ici.

BLINVAL

Croyez-vous mon cœur aussi faux... aussi volage que le vôtre?

CONSTANCE

Air : *C'est trop d'honneur pour un mari.*

Je vous pris toujours pour modèle,
Et je ne m'en écarte en rien ;
Pourquoi donc me checher querelle
Quand je vous ressemble si bien ?
Suis-je donc tant digne de blâme,
Pour l'exemple que j'ai suivi ?
Mais être imité par sa femme,
Quel doux plaisir pour un mari !

BLINVAL

Ainsi vous ne désavouez pas même votre crime ?

CONSTANCE

Mon cher mari, je vous pardonne, pardonnez-moi.

BLINVAL

Qu'ai-je besoin de votre pardon ?... encore une fois, madame, je ne suis venu ici que pour vous surprendre.

CONSTANCE

Et vous avez eu la bonté de m'y laisser m'enfermer avec votre rival.. de m'y laisser seule... cela n'est pas croyable. Tenez, faites comme moi, avouez généreusement votre faute... et soyons quittes.

BLINVAL, *à part.*

Elle me rend tout confus.

CONSTANCE

Pourquoi tant d'embarras ?

BLINVAL

Madame... c'est que j'étouffe de colère... c'est qu'il est inouï...

CONSTANCE

Vous perdez là un tems précieux... votre belle vous attend peut-être.

BLINVAL

Personne ne m'attend.

SCENE XVI.

Les Mêmes, ROSE.

Mon ami, vous êtes charmant de me faire attendre ainsi...

BLINVAL

Me voilà pris !

CONSTANCE

Mon cher époux... on ne vous attendait pas...

ROSE

Quoi ! vous êtes, madame, l'épouse de Blinval ?

BLINVAL, *à part.*

Quelle situation !

Bagatelle. D

CONSTANCE

Oui, madame... vous êtes sans doute venue avec lui pour m'épier.

ROSE

Non, madame... je ne croyais pas avoir l'honneur...

BLINVAL, à part.

Comme elle jouit maintenant!

CONSTANCE

Convenez-en, mon cher, nous ne nous devons rien.

ROSE

Blinval, que veut dire cette rencontre?

CONSTANCE, riant.

C'est une aventure assez plaisante... nous nous surprenons réciproquement à nous faire quelques infidélités.

ROSE

Tout le monde ne prend pas son parti aussi gaîment que vous.

CONSTANCE

C'est qu'on voulait jouer le mari fidèle avant votre arrivée... vous avez mis fin au plus beau cours de morale...

BLINVAL

Madame, trève de plaisanterie... Oui, nous sommes coupables tous deux... mais vous l'êtes plus que moi aux yeux de la société.

CONSTANCE

Je n'en crois pas un mot.

BLINVAL, à part.

Quel air tranquille! (*Haut.*) Votre sexe ne se fat estimer que par la décence, les mœurs, la fidélité... vous avez manqué à tout... je ne puis plus aimer une femme indigne même de l'estime publique... et...

CONSTANCE, émue.

Prenez cette clef; entrez dans ce pavillon... vous y trouverez matière à cesser ce beau discours.

BLINVAL, *prenant la clef.*

Quoi?

CONSTANCE, *pleurant.*

Ah! mon amie!

BLINVAL, à part.

Son amie!

CONSTANCE

Ma chère Rose...

BLINVAL, à part.

Sa chère Rose... elles sont d'intelligence... je suis joué. (*Il entre dans le pavillon.*) Personne dans ce pavillon... Ah! Constance.. (*Il se jette à ses genoux.*)

CONSTANCE

Continuez donc vos belles sentences sur la fidélité

ROSE

Mon cher Blinval, convenez que la leçon est bonne.

CONSTANCE

Mais trop douce encore.

BLINVAL

Constance, que pouvait-il m'arriver de plus malheureux que de te croire infidelle... que de perdre ton cœur?... tu t'es assez vengée... pardonne-moi.

CONSTANCE

Si Rose n'eut pas été mon amie... si Rose ne m'eut pas prévenue.

ROSE

Allons, oublions tout.. vous savez bien, mon amie, que nous sommes convenues d'un pardon généreux... c'est sa première faute.

BLINVAL

Ce sera la dernière. (à part.) Elle m'a causé une si grande frayeur !...

SCENE XVII ET DERNIERE.

Les Mêmes, M. et Mad. DUBOSQUET, BELAMOUR.

BELAMOUR, à M. Dubosquet.

J' vous dis qu'il est d'une colère terrible... qu'y veut avoir la clef de ce cabinet.

DUBOSQUET

S'il y a quelqu'un ?

BELAMOUR

Tiens, la v'là ste dame !

MAD. DUBOSQUET, à son mari.

C'était sa femme ! la leçon est donnée.

BLINVAL

Mes amis, je n'ai plus besoin de ce pavillon, j'ai su tout ce que je voulais savoir.

BELAMOUR, à part.

Y a queuque chose là-dessous.

DUBOSQUET

Plus de doute.

BELAMOUR

Faut que je l'y demande.

MAD. DUBOSQUET, le retenant.

Paix!

BLINVAL

Ah ! Rose, quelle tour vous m'avez joué!

VAUDEVILLE.

ROSE.
Rien n'est plaisant comme un époux ;
Faisons-nous une inconséquence,
En tous lieux, il se plaint de nous,
Et c'est un crime d'importance.
Mais s'il est trompeur, inconstant,
Et s'il vole de belle en belle ;
Nous en plaignons-nous en pleurant ;
Il nous répond en souriant :
Parole d'honneur (bis.) c'est bagatelle.

BLINVAL.
A voir ce couple malheureux,
Grondant, criant, d'abord on pense
Que s'ils se maudissent tous deux,
C'est pour un objet d'importance ;
Mais un peu mieux informez-vous,
Vous saurez la cause réelle :
Chez la voisine va l'époux.
Sa femme cache un billet doux,
Il est clair que (bis.) c'est bagatelle.

Mad. DUBOSQUET.
J'étais dans un quartier perdu,
Là je m'ennuyais avant l'âge.
Mon époux, lui-même abattu,
Était sans gaîté, sans courage.
Un jour, ce brave homme voulant
Finir notre peine cruelle,
Me dit : femme, viens à l'instant ;
Je le suivis, et sur-le-champ,
Il me conduisit (bis.) à Bagatelle.

M. DUBOSQUET.
Acquitter les dettes du jeu,
Faire grand bruit et bonne chère,
Pour la mode être tout en feu,
Aujourd'hui, c'est la grande affaire.
Mais avoir un sage penchant,
A sa femme, rester fidèle ;
Payer sa dette exactement,
Et surtout tenir son serment,
Ah ! maintenant (bis.) c'est bagatelle.

BELAMOUR.
Lorsque j'voyons ici venir
Un coupl' de bonne intelligence,
Je sommes sûr au moment d'sortir
D'un pour boire de conséquence ;
Mais s'il s'en va d'un air boudeur,
Si la dam' lui cherche querelle,
Je ne r'çois rien ; dans mon humeur
J'm'avance et j' dis : ma foi, monsieur
N'a pas l'air d' sortir (bis) de Bagatelle.

CONSTANCE, au Public.
On peut juger sévèrement,
Dans le domaine de Thalie,
L'ouvrage, fruit d'un grand talent,
Et qu'on nomme œuvre du génie ;
Mais pour l'ouvrage d'un moment,
Les critiques sont moins cruelles ;
Le vaudeville est un enfant ;
Et messieurs, chacun, d'un enfant
Reçoit en riant (bis) les bagatelles.

FIN.

www.ingramcontent.com/pod-product-compliance
Lightning Source LLC
Chambersburg PA
CBHW060622050426
42451CB00012B/2380